VENTE A PARIS

Le Mardi 23 Mars 1909

Hôtel Drouot, Salle n° 8

Collection THENAUT

JETONS FRANÇAIS

COMMISSAIRE-PRISEUR :
Me Émile BOUDIN
14, rue de la Grange-Batelière

EXPERT :
M. Étienne BOURCEY
7, Rue Drouot

PARIS

Adresse télégraphique : ÉTIENBOURG-PARIS.

Collection THENAUT

JETONS FRANÇAIS

Vente aux Enchères Publiques

A PARIS, HÔTEL DES COMMISSAIRES-PRISEURS, RUE DROUOT, 9.

SALLE N° 8, AU 1er ÉTAGE

Le Mardi 23 Mars 1909

A DEUX HEURES PRÉCISES

EXPOSITION PUBLIQUE UNE HEURE AVANT LA VENTE

COMMISSAIRE-PRISEUR :	EXPERT :
Me ÉMILE BOUDIN	M. ÉTIENNE BOURGEY
14, RUE DE LA GRANGE-BATELIÈRE	7, RUE DROUOT

PARIS

Adresse Télégr. ETIENBOURG PARIS

Exposition particulière :

Le Lundi 22 Mars 1909, chez M. Étienne Bourgey, expert, 7, rue Drouot (Téléphone 274-64).

Exposition publique :

Le Mardi 23 Mars 1909, Hôtel des ventes, salle 8, une heure avant la vente.

La vente aura lieu au comptant.

Les acquéreurs paieront dix pour cent en sus des enchères.

L'authenticité des pièces est garantie.

M. Étienne Bourgey, 7, rue Drouot, se charge aux conditions habituelles (5 % sur la limite) des commissions qui lui seront confiées.

L'ordre du catalogue sera suivi ou non. L'expert se réserve le droit de diviser ou de réunir les lots.

JETONS ROYAUX

1 *Chambre des Monnaies*. Ecu des Valois. ℞. Balance. *Chambre des Comptes*. Ecu. ℞. Croix. Cuiv. — Ens. 2 p. B. et TB.

2 *Trésor royal*. Clef et lis dans un cercle ponctué. ℞. Croix à triple nervure cantonnée de 3 points. Cuiv. TB.

3 *Chambre des Comptes*. ICY : COMPTES : ET : GECTES : BIEN. Quadrilobe avec 4 lis. ℞. CAR : LA : FIN : FERA : VRE : COMPTE. Croix fleurdelisée. Cuiv. TB.

4 **François Ier**. CAMERA.COMPVTORVM.REGIORVM. Ecu accosté de deux F. ℞. Croix. Cuiv. 2 variétés. TB.

5 **Henri II**. *Conseil du roi*. Grand H sur un croissant. — Cornes d'abondance. 1557. Cuiv. — Ens. 2 p. TB.

6 **François II**. FRANCISCVS.II.D.G.FRANCORVM.REX. Grand F entre deux palmes. ℞. FELICITAS.PVBLICA.1560. Femme debout. Cuiv. TB. Rare.

7 *Chambre des Comptes*. 1559. Ruche. — 1560. Mercure. Cuiv. — Ens. 2 p. B. et TB.

8 **Henri III**. *Conseil du roi*. NIL.NISI.CONSILIO. Ecu de France. ℞. CONCORDIA.CONSTRVIT.VRBIS.1579. Amphion construisant Thèbes. Arg. TB. Rare.

9 — 1584. Mars s'éloignant d'une biche. — 1588. Aigle enlevant deux serpents. Cuiv. — Ens. 2 p. TB.

10 **Henri IV**. PRESTAT.COMPONERE.FLVCTVS.1602. Neptune sur son char. ℞. TE.DVCE.SI.QVA.MANET.1602. Dauphin précédant un navire. Arg. TB.

11 SEV.PACEM.SEV.BELLA.GERAS.1603. Le roi debout. ℞. HIC.VERTEX.NOBIS SEMPER.SVBLIMIS.1603. Vaisseau. Arg. TB.

12 TVTA.MIHI.NVMINIS.ARA.1606. Le roi devant un crucifix. ℞. HÆC.TIBI.CERTA.DOMVS.1606. La Religion guidant l'enfant royal. Arg. TB.

13 *Chambre aux deniers*. Les deux écus. ℞. VNDIQVE.TVTVS.1598.H-B. Piqueur lançant 4 chiens contre un hérisson. Arg. TB.

14 **Louis XIII**. *Conseil du roi*. Ecu. ℞. VIRTVS.NON.INDIGET.ANNIS.1612. Main tenant une fronde. Arg. TB.

15 Même droit. ℞. FREGIT.MONTES.PACEMQVE.REDVXIT.1631. Double dextrochère au-dessus de montagnes. Arg. TB.

16 *Chancellerie de France*. Champ fleurdelisé. ℞. RECTIS.OMNIBVS.ÆQVVM. Champ divisé en rayons. Arg. TB. Rare.

17 *Chambre aux deniers.* Les deux écus. ℞. 1622. Main coupant les mauvaises herbes autour de trois plants de lis. Arg. TB.

18 *Parties casuelles.* Les deux écus. ℞. FREGIT . etc. 1631. Double dextrochère. Arg. TB.

19 **Louis XIV.** La Justice assise. 1647. ℞. Hercule au repos. 1653. Arg. TB.

20 — Le dragon des Hespérides. ℞. Tour. 1655. Arg. TB.

20 *bis.* — INTEMERATA . MANVS . 1663. Femme assise. ℞. Soleil et pluie sur un paysage. Arg. TB.

21 *Mariage du roi.* Bustes affrontés. ℞. NON . LÆTIOR . ALTER . 1660. Pluie tombant sur la campagne. Arg. doré. TB.

22 *Conseil du roi.* ORDINE . POLLENT . 1649. Jetons sur une table. Arg. TB.

23 HÆC . REQVIES . MEA . HIC . HABITO . 1650. Le Pont-Neuf et les tours de Notre-Dame sous une couronne royale. Arg. TB.

24 VRBS . ANTIQVA . RESVRGIT . 1653. Fleuve couché ; dans le fond, la ville de Paris. Arg. TB.

25 NOVO . RECREABIT . ODORE . 1654. Lis sous la rosée. Arg. TB.

26 INVENIT . VIRTVTE . VIAM . 1655. Soleil sur la mer. Arg. TB.

27 COLLIGIT . VT . SPARGAT . 1656. Fontaine. Arg. TB.

28 VIRTVTI . SVBDIT . VTRVMQVE . 1657. Arc et carquois en sautoir sous une couronne. Arg. TB.

29 NASCVNTVR . VBIQVE . 1658. Plants de lis sur les rochers de Montmédy. Arg. TB.

30 *Secrétaires du roi.* Tête de Louis XIV. ℞. 1701. Essaim. — Autre de 1711. Arg. — Ens. 2 p. TB.

31 *Conseillers du roi et Notaires.* 1685. LVD . MAGNVS . HEROVM . MAX. Tête du roi. ℞. Gnomon sur un pied. Arg. TB. Rare.

Voyez planche I.

32 CONSOCIARE . AMAT . Minerve debout. ℞. LEX . EST . QVODCVMQ . NOTAMVS . Gnomon. 1715. Arg. TB.

33 *Conseillers du roi et Agents de change.* Tête du roi. ℞. 1711. La Prudence devant un coffre-fort. Arg. TB. Rare.

34 *Huissiers du Grand Conseil.* Buste cuirassé du roi. ℞. Sceptre et main de justice entre quatre lis. Arg. B. Rare.

35 *Ordinaire des Guerres.* Les deux écus. ℞. 1646. Autel. Arg. TB.

36 — Couronnes de lauriers et de chêne sous la couronne royale. 1650. Arg. TB.

37 — Buste du roi. ℞. 1675. Aigle. Arg. TB.

38 *Extraordinaire des guerres.* Tête du roi. ℞. TERRITAT . ET . LÆSVS . 1707. Sanglier blessé. Arg. TB.

39 — Hercule et l'enlèvement de Déjanire. 1711. Arg. TB.

40 *Trésoriers-payeurs de la Gendarmerie.* HIS . SINE . QVID . IVVAT . ENSIS . 1663.

Dextrochère armé et main comptant des monnaies. ℞. Charlemagne armé debout. Arg. TB. Rare.

Voyez planche I.

41 *Ordres du Mont-Carmel et de Saint-Lazare.* ORD.MIL.DE.N.D.DV.MONT.CARMEL. Cavalier armé à dr. ℞. ET.DE.S.LAZARE.DE.IERVSALEM.1700. Croix de l'ordre. Arg. TB. Très rare.

Voyez planche I.

42 *Ordre du Saint-Esprit.* Tête du roi. ℞. MENS.OMNIBVS.VNA.1693. Le Saint-Esprit entouré de langues de feu. Arg. TB. Rare.

43 — MAGNO SE CORPORE MISCET.1707. Le Saint-Esprit entouré de rayons. Arg. TB. Rare.

44 PACIS AMOR BELLIQUE DECUS.1714. Le Saint-Esprit dans une gloire au-dessus de langues de feu. Arg. TB. Rare.

45 *Procureurs des Comptes.* Tête du roi. ℞. PROCVRANT.SOLITA.RATIONE.QVIETEM.1708. Nid d'alcyons sur la mer. Arg. TB.

46 *Trésor royal.* Tête du roi. ℞. 1710. Rochers. Arg. TB.

47 — Ancre à 4 branches. 1711. Arg. TB.

48 *Chambre aux deniers.* Écu. ℞. 1661. Le Dragon des Hespérides. Arg. TB.

49 Tête du roi. ℞. 1691. Les envoyés de Moïse. Arg. TB.

50 — Le Soleil au-dessus d'un parterre de fleurs. 1711. Arg. TB.

51 *Parties casuelles.* Buste du roi. ℞. 1663. Fontaine. Arg. TB.

52 *Ponts et Chaussées.* Tête du roi. ℞. 1688. Le Pont Royal. Arg. TB.

53 — Variété avec 1692 sous la tête du roi. Arg. TB.

54 — Autre sans date. Arg. TB.

55 **Louis XV**. Son buste enfant à dr. ℞. Tête du Régent à dr. Arg. TB.

56 *Mariage du roi.* Bustes affrontés. ℞. 1725. La bénédiction nuptiale. Arg. TB.

57 *2e mariage du Dauphin.* Tête de Louis XV. 1747. Arg. TB.

58 *Avocats aux Conseils.* 1762. Aiglons. Arg. TB.

59 *Conseillers du roi. Notaires.* Tête du roi au bandeau, signée C. R liés. ℞. 1720. Gnomon. Arg. TB.

60 *Ordinaire des guerres.* 1736. La France assise de face. — 1755. Cheval couché à g. Arg. — Ens. 2 p. TB.

61 — Aigle portant la foudre. 1742. Arg. TB.

62 — Foudre ailé. 1746. Arg. TB.

63 — Hercule appuyé sur sa massue. 1749. Arg. TB.

64 — Castor et Pollux. 1753. Arg. TB.

65 — Jupiter foudroyant les Titans. 1757. Arg. TB.

66 *Extraordinaire des guerres.* Tête du roi. ℞. DIRIGIT ET PUGNAT.1717. Main céleste lançant un javelot. Sur une banderole, CONSEIL DE LA GUERRE. Arg. TB.

67 — Guerrier devant le temple de Janus fermé. 1749. Arg. TB.
68 — Armes d'Hercule suspendues à un laurier. 1750. Arg. TB.
69 — L'Amour conduisant Mars. 1752. Arg. TB.
70 — Mars et la Paix au pied d'un palmier. 1753. Arg. TB.
71 — Joute de deux chevaliers. 1755. Arg. TB.
72 — Hercule assommant le Centaure. 1758. Arg. TB.
73 — Foudres sortant d'un nuage. 1759. Arg. TB.
74 — Amas d'armes. 1764. Arg. TB.
75 — Le Soleil au-dessus d'un torrent. 1768. Arg. TB.
76 — Lions sur des rochers. 1770. Arg. TB.
77 — Aigle entre deux aiglons. 1771. Arg. TB.
78 *Artillerie.* 1730. La Renommée au-dessus de canons. Arg. TB.
79 — Pallas entourée de bouches à feu. 1734. Arg. TB.
80 *Marine.* Un laurier et ses rejetons. 1723. Arg. TB.
81 — Amphitrite sur un dauphin. 1742. Arg. TB.
82 *Ordre du Saint-Esprit.* Buste du roi. ℞. NON EXTINGUETUR.1717 POUR 1715. Le Saint-Esprit dans une gloire. Arg. TB. Rare.
83 Tête du roi. ℞. 1740. Le Saint-Esprit dans le collier de l'Ordre. — Autre avec le buste du roi. Arg. — Ens. 2 p. TB.
84 *Ordre militaire de Saint-Louis.* Tête du roi. ℞. Saint Louis debout. — Variété avec le buste du roi. Arg. — Ens. 2 p. TB.
85 *Prévôté générale de la Connétablie.* Deux bâtons de maréchal dans un monogramme couronné. ℞. ET.VIGIL.ET.PUGNAX.1720. Dextrochère; au-dessus, un coq. Arg. TB. Très rare.

Voyez planche I.

86 *Trésor royal.* Mine et mineurs. 1732. Arg. TB.
87 — Essaim autour d'une ruche. 1736. Arg. TB.
88 — Femme voilée donnant un laurier à Mars. 1740. Arg. TB.
89 — Triptolème. 1741. Cuiv. — L'arche de Noé. 1742. Cuiv. — Palmier. 1744. Arg. — Ens. 3 p. TB.
90 — Le système planétaire. 1754. Arg. TB.
91 — Le Soleil pompant des nuages. 1757. Arg. TB.
92 *Chambre aux deniers.* Jupiter et Hébé. 1721. Arg. TB.
93 — Cérès assise près d'une moisson. 1734. Arg. TB.
94 — Grand prêtre juif sacrifiant. 1737. Arg. TB.
95 — Un autel fumant. 1738. Arg. TB.
96 — Soleil et palmier. 1739 Arg. TB.
97 — Un rameau d'or. 1750. Arg. TB.
98 — Un plant d'immortelle. 1751. Arg. TB.
99 — Le Soleil levant sur un fleuve. 1752. Arg. TB.
100 — Jardinier arrosant des lis. 1757. Arg. TB.

101 *Parties casuelles.* Buste du roi. ℞. 1728. Émondeur taillant un arbre. Arg. TB.
102 — Laurier sous un orage. 1730. Arg. TB.
103 — Dédale volant au-dessus des flots. 1733. Arg. TB.
104 *Ponts et Chaussées.* Buste de Louis XV à dr. ℞. Le Pont-Royal. Arg. TB.
105 *Menus plaisirs.* 1716. Apollon jouant de la lyre. Arg. TB.
106 *Les 24 violons de la Chambre.* Tête laurée de Louis XV, signée DU VIV. ℞. NUMERUM.SACRAVIT.APOLLO. Apollon entouré d'instruments de musique ; à l'exergue, LES XXIV VIOLONS DE LA CHAMBRE.1751. Arg. TB. Très rare.

Voyez planche I.

107 *Écuries du roi.* Tête du roi. ℞. Cheval galopant à dr. Arg. 3 variétés TB.
108 *Bâtiments du roi.* 1732. Le Génie de l'Architecture assis. Arg. TB.
109 Tête laurée. ℞. 1744. Niveau. — Variété. Tête au bandeau. Arg. — Ens. 2 p. TB.
110 *Experts des bâtiments.* Palais en construction. Arg. TB.
111 *Sécurité publique.* Buste du roi. ℞. Écusson. Arg. TB.
112 **Louis XVI**. Son buste à dr., les épaules nues. ℞. Deux L cursifs enlacés avec des lis. Octog. Arg. TB.
113 Buste habillé à dr. ℞. Neptune. *Académie de marine.* Buste à g. ℞. 1778. Vaisseau. Arg. — Ens. 2 p. TB.
114 *Don du clergé pour la marine.* 1782. Buste habillé. Octog. Arg. TB.
115 *Extraordinaire des guerres.* 1777. Mars et la Paix. Arg. TB.
116 *Trésorerie générale de la maison du roi.* Deux L cursifs couronnés. Arg. TB.
117 *La Monnaie.* EX JUSTITIA ORITUR ABUNDANTIA. La Justice assise près d'une presse monétaire. Arg. TB.
118 *Syndics généraux.* 1779. Massue entre 2 épées. Arg. TB.
119 *Experts des bâtiments.* Deux édifices en construction. Arg. TB.
120 *Trésor royal.* Couronne de lauriers. Octog. Arg. TB.
121 *Ordre de Saint-Louis.* Croix de l'Ordre. 1779. Octog. Arg. TB.
122 — AUSPICE NON ALIO. Saint Louis debout. Arg. TB.
123 *Académie française.* Buste à dr. — Autre. Tête à g. Arg. — Ens. 2 p. TB.
124 *Académie des Inscriptions et Belles-Lettres.* Déesse debout. *Académie des Sciences.* Pallas assise. Arg. — Ens. 2 p. TB.
125 *Académie de peinture et de sculpture.* 1764. La Peinture et la Sculpture assises, se donnant la main. Arg. TB. Rare.
126 *Académie royale de chirurgie.* Buste habillé. ℞. 1751. Minerve enseignant un Génie. Arg. TB.

127 Variété. Tête du roi avec cheveux flottants. Arg. TB.
128 — Autre. Les cheveux attachés en queue. Arg. TB.
129 *Collège de Pharmacie*. Buste du roi à g. ℞. 1778. Écusson. Arg. TB.
130 — Serpent et coq. ℞. Le précédent. Arg. TB.
131 *Compagnie des Indes*. Caducée entre deux cornes d'abondance dans une couronne. ℞. 1785. Armes de la Compagnie. Octog. Arg. (manque à l'ouvrage de M. Zay). TB. Très rare.

Voyez planche I.

132 — Buste habillé à dr. ℞. Le précédent. Octog. Arg. TB. Très rare.
133 **Louis XVIII**. Armes royales. ℞. *Donnée par le Roi de France en 1815*. Arg. TB.

PERSONNAGES

134 *Marguerite de Bourgogne* (1314-1316). ✠ GETS—PARME—NTCARO. Écu parti. ℞. ✠ PAR : AMOVRS : SVI : DONES : BEN : Croix dans un quadrilobe. Cuiv. TB. Très rare.
135 *Clémence de Hongrie* (1315-1328). ✠ FANNCE...HONGERIE. Écu parti. ℞. ✠ IE SVI DE LATON MON. Croix dans un quadrilobe. Cuiv. TB. Rare.
136 *Pierre de Berne*. ✠ GECTOIRS PIERRE DE. Deux clefs. ℞. BERNE. Croix dans un quadrilobe. Cuiv. TB. Extrêmement rare.

Voyez planche I.

137 *P. de Rochefort*. ✠ GIETOIRS.PIERRE.DE. Deux clefs. ℞. ROCEFORT. Croix dans un quadrilobe. Cuiv. TB. Très rare.

Voyez planche I.

138 *Pieran Anelliel*. ✠ PIERAN.ANELLIEL. Écu de France. ℞. Croix dans un quadrilobe. Cuiv. TB.
139 *Catherine de Médicis*. CATHERINA DELPHINA BRITA.DVCIS. Grand écu. ℞. ✠ CONFVNDANTVR.ET.NON.CONFVNDAR. Rouet. Cuiv. TB. Très rare.

Voyez planche I.

140 *Claude de France*. Écu de Lorraine parti de France. ℞. PAR.AMOR.AEQVA.FIDES.1560. Deux c. Cuiv. TB. Rare.
141 *Philippe de Croy et Jeanne d'Hallewyn*. Écu de Croy. ℞. 1562. Écu losangé parti. Cuiv. TB.
142 *Baptiste Labbey de la Roque*. Écu à ses armes. ℞. TUÉ PAR LES HUGUENOTS A LA BATAILLE DE MONCONTOUR LE 3 OCT. 1569. Arg. TB. Très rare.
143 *Le cardinal Louis d'Este*. Son écu. ℞. IN.MOTV.IMMOTVM 1579. Étoiles. Cuiv. TB. Rare.

144 *Louise de Vaudémont.* Ecu parti de France et de Lorraine. ℞. ASPICE ET ASPICIAR. 1580. Autel. Cuiv. TB.

145 *Le cardinal Louis de Guise.* Ses armes. ℞. HÆC ARA TVEBITVR OMNES 1584. Le Saint-Esprit apportant la sainte ampoule. Cuiv. TB.

146 *Le cardinal Charles de Bourbon.* Son écu. ℞. FOLIVM EIVS NON DEFLVET. Laurier. Cuiv. TB.

147 *César de Vendôme.* Son écu. ℞. DISCE PVER VIRTVTEM EX ME VERVQZ LABOREM. 1600. Henri IV présentant une épée à son fils. Cuiv. TB. Très rare.

Voyez planche I.

148 *Marie de Médicis.* Son écu parti. ℞. REXIT.ET.EREXIT. 1615. Vigne autour d'un palmier. Arg. TB.

149 *Pierre Le Marchant* (Trésorier général à Caen). Son écu. ℞. ÆTERNITATI. 1627. Cœurs brûlants sur un pic. Cuiv. TB. Rare.

150 *Hesselin, conseiller du roi.* Son écu. ℞. SI.QVIS.ADHVC.PRECIBVS.LOCVS. 1630. La Bourgogne suppliant le roi. Cuiv. TB. Rare.

151 *Jules de Loynes et Jeanne Regnier.* Ecu parti. ℞. SPES.VNA.PERVRIT. 1631. Deux cœurs sur un autel. Cuiv. TB. Rare.

152 *Mademoiselle, fille unique de Monsieur.* Son écu en losange. ℞. QVOT. DOTES.TEGIT. 1633. Grenade. Cuiv. TB. Rare.

153 *Gaston de France.* Son écu. ℞. DONEC IOVE MISSVS AB IPSO. 1636. Lances en faisceau. Arg. TB. Rare.

154 *Le cardinal de Richelieu.* Son buste à dr. ℞. MENS.IMMOTA.REGIT. 1636. Vaisseau. Arg. TB.

155 — Autre. VEL.IGNE.VEL.VNDIS. 1640. Navire. — Vaisseau et armes. 1641. Cuiv. — Ens. 2 p. TB.

156 *Anne d'Autriche.* Ses armes. ℞. MAIORES.PARVVLA.NECTIT. 1640. Palmiers. Arg. TB.

157 *Le chancelier Séguier.* CREDENTA.FONTE.RELATVM. 1641. Écu d'ou descendent des eaux. ℞. Champ semé de lis. Arg. TB. Très rare.

Voyez planche I.

158 *Th. Morant et Françoise de Vieupont.* Écu de Morant. ℞. Écu de Vieupont. Arg. TB. Extrêmement rare.

Voyez planche II.

159 *Th. Morant et Catherine Bordier.* Ecu de Morant. ℞. Écu de Bordier. 1643. Cuiv. TB.

160 *Maximilien François de Béthune.* Son buste à dr. ℞. Son écu. Cuiv. TB.

161 *Le cardinal Mazarin.* Ses armes. ℞. 1651. Fronde. Cuiv. TB.

162 *De Goyon-Matignon.* Son écu. ℞. ANIMIS.ILLABERE.NOSTRIS. 1653. Le Saint-Esprit. Cuiv. TB. Très rare.

163 *Galland de Beausablon et dame Guyon*. Bustes affrontés, 1654. ℞. Armes. Arg. TB. Très rare.

Voyez planche II.

164 — Le même jeton. Cuiv. TB.

165 *Longuet, trésorier des guerres*. Écu de France. ℞. HÆC.SVNT.PRÆLVDIA.PACIS.1655. Combat de cavalerie. Arg. TB. Très rare.

Voyez planche II.

166 *Le cardinal Barberini*. Buste à dr. ℞. GRATIOR.VMBRA.1656. Abeilles butinant sur un lis. Arg. TB. Rare.

167 *Du Buisson, général des monnaies*. Son écu. 1656. Cuiv. TB.

168 *Le Vieulx, receveur des pauvres*. 1664. Son écu. Cuiv. TB.

169 *Gellain*. 1666. *Maillet* et *Harlay de Beaumont*. 1672. Receveurs des pauvres. Cuiv. — Ens. 3 p. TB.

170 *Anne-Marie-Christine, dauphine*. Son buste à dr. ℞. NOVVM.DECVS.ADDITA.COELO. Couronne céleste. 1681. Arg. TB. Rare.

171 *Daillon du Lude*. ARTILLERIE DE FRANCE. Son écu. ℞. VERAS.HINC.DVCERE.VOCES.1684. Une batterie. Arg. TB. Très rare.

Voyez planche II.

172 *Le Bouthillier de Rancé*. Ses armes. ℞. MARTE.ETIAM.INVITO.1686. Une Bonne-Foi. Arg. TB. Très rare.

Voyez planche II.

173 *Le duc du Maine*. Buste à dr. ℞. ARTILLERIE.1700. Hercule au repos. Arg. TB.

174 — Autre. 1707. Un foudre. Arg. TB.

175 *Antoine Clergé*. 1706. Son écu. ℞. Hercule assommant l'hydre. Cuiv. TB. Rare.

176 *Le duc de Vendôme*. Son écu. ℞. GALÈRES.1707. Deux faucons. Arg. TB.

177 *Jacques et Claude de Bèze*. Écu 1707-1714. ℞. La Justice debout. Cuiv. TB.

178 *Auvellier, secrétaire du roi*. Son écu. ℞. Champ échiqueté. 1712. Cuiv. TB.

179 *Voyer d'Argenson*. Écu. ℞. 1713. Grue. Cuiv. TB.

180 *Chauvelin*. Sans lég. Son écu. ℞. NOS ARAM IVSTITIÆ PARAMUS. La Justice assise à g.; à l'exergue PROCUREURS DE LA COUR. Arg. TB. Très rare.

Voyez planche II.

181 *Le doyen Hecquet*. Buste à g. ℞. 1714. Serpent montant vers un temple. Cuiv. TB.

182 *Louis Alexandre de Bourbon*. Son buste à dr. ℞. MARINE.1718. La lune sur les flots. Arg. TB.

183 *Delpech de Méréville*. Son écu. ℞. INTERIORA PLACENT.1723. Grenade sur un piédestal. Arg. TB. Très rare.

Voyez planche II.

184 *De la Mare.* Ses armes. ℞. COMMISSAIRES DU CHATELET. 1723. Vue de la ville de Paris. Arg. TB. Rare.

185 *Gaudot de la Bruerre.* Son écu. ℞. FUCOS A PRÆSEPIBUS ARCENT. Ruche et essaim; au bas COMP. DE M. LE LIEUT. CRIM. DE ROBE COURTE. 1724. Arg. TB. Très rare.

Voyez planche II.

186 *Marie Leczinska.* Buste à dr. ℞. LÆTIOR AFFULGET POPULIS. 1726. Soleil et étoile. Arg. TB.

187 — Buste à g. ℞. MAISON DE LA REINE. 1736. Jardin. Arg. TB.

188 — Autre. 1739. Étoile rayonnante et soleil couchant. Arg. TB.

189 *Le doyen Reneaume.* Buste à g. ℞. Trois cigognes. 1734. 1735. 1736. Cuiv. TB.

190 *Le duc de Penthièvre.* Buste à dr. ℞. MARINE. 1740. Char de Neptune. Arg. TB.

191 — Autre. 1742. Femme jouant de la lyre, assise à g. sur un dauphin. Arg. TB.

192 *Lowendal.* Ses armes. ℞. EX VICTORE DECUS. 1745. S. P. Q. O. Armes d'Ostende. Arg. TB. Très rare.

Voyez planche II.

193 *Louis Ch. de Bourbon.* Buste à dr. ℞. ARTILLERIE. 1750. Bélier bondissant à g. Arg. TB.

194 *Le doyen Baron.* Buste à dr. ℞. 1751. Écu. Cuiv. TB.

195 *Bertin, lieutenant général de police.* 1757. Ses armes. ℞. VIGILAT UT QUIESCANT. 1713. Grue veillant sur le sommeil de ses petits. Arg. TB. Très rare.

Voyez planche II.

196 *Marie-Josèphe de Saxe, dauphine.* Sa tête à g. ℞. 1754. Soleil et miroir sur un pied. Arg. TB.

197 — Autre. 1762. Amour arrosant un oranger. Arg. TB.

198 *Le duc de Penthièvre.* Buste à dr. ℞. MARINE. 1757. Combat de fauves. Arg. TB.

199 *Le doyen Belleteste.* Buste à dr. ℞. Les trois cigognes. 1762. 63. 64. Arg. TB. Rare.

Voyez planche II.

200 *Mariage de Marie-Antoinette.* Son buste à dr. ℞. 1770. L'Hymen et la Concorde. Arg. TB.

201 *Louis-Stanislas-Xavier.* Grand-maître des ordres. 1773. ℞. Écu à ses armes. Octog. Arg. TB.

202 Sa tête à g. ℞. MAISON DE Mgr LE COMTE DE PROVENCE. Son écu. Sans date. Arg. TB. Rare

203 *Mouricault.* Son écu. ℞. COMMISSAIRES. DU CHATELET. 1749. Vue de Paris. Arg. TB. Rare.

204 *Le doyen Levacher*. Buste à dr. ℞. 1779-1780. Ecu. *Le doyen Bourru*. Buste à g. ℞. Inscription 1887-88. Cuiv. — Ens. 2 p. B. et TB.

205 — Autre. ℞ CONCORDIA ET CONSTANTIA VINCENT. 1786-87. Les deux déesses se donnant la main. Arg. TB. Rare.

Voyez planche II.

206 *Boyer d'Eguilles, marquis d'Argens*. Son écu. ℞. Lettres enlacées sous une couronne. Cuiv. TB. Très rare.

207 *D'Angervilliers et Marie-Anne de Maupou*. Leurs écus accolés. ℞. Légende en 6 lignes. Octog. Arg. Beau et très rare.

208 *Potier de Gèvres*. Chiffre sur un manteau couronné. Uniface. Octog. Cuiv. TB.

209 DEUS NOBIS HÆC OTIA FECIT. Enfants jouant avec un chien sous un arbre. ℞. Lettres entrelacées. Octog. Arg. Très joli jeton. Rare.

210 *Philippe, infant d'Espagne*. Sa tête à g. ℞. SÆCULA VINCIT. Minerve debout ; au bas VIRTUTI ET HONORI. Arg. TB.

211 *Bonaparte, premier consul*. Buste à g. ℞. Légende en 8 lignes dans une couronne de lauriers (*TN*., LXXX, 7). Arg. TB.

212 *Cambacérès, 2e consul*. Buste à g. ℞. Légende en 9 lignes (*TN*., LXXIV, 10). Arg. TB.

213 *Lebrun, 3e consul*. Buste à dr. ℞. Légende en 7 lignes (*TN*., LXXIV, 11). Arg. TB.

214 *André Vésale*. Son buste à g. ℞. SOCIÉTÉ DE MÉDECINE DE BRUXELLES. MESSIDOR AN XII. dans une couronne de chêne (*TN*., I, 12). Arg. TB. Rare.

215 — Variété ; le buste de trois-quarts à g. (*TN*., I, 13) Arg. TB. Rare.

216 *Jetons des Lombards*. Écu fascé. — Monogramme. — Croix sur un double lobe. — P crucigère. Cuiv. — Ens. 4 p. TB.

VILLE DE PARIS

217 **Série municipale**. EX. FLAMINE. VIRES. Vaisseau. ℞. 1656. Ruche. — Statue équestre. ℞. Vue du Pont-Neuf. Arg. — Ens. 2 p. TB.

218 Tête de Louis XIV. ℞. 1694. Vaisseau. Arg. TB.

219 — Même tête. ℞. 1708. Le char de l'Aurore. Arg. TB.

220 Buste de Louis XV. ℞. Vue du Pont-Neuf. — Buste de Louis XVI. ℞. Le même. — Arg. 2 p. TB.

221 Statue équestre. — Vaisseau 1694. — Le même s. d. — La ville assise. 1695. — Tête couronnée de Louis XV à g. Cuiv. — Ens. 5 p. TB.

222 *Élection de Paris*. Buste de Louis XV. — Variété. Sa tête. Arg. — Ens. 2 p. TB.

223 *Éclairage de la ville*. Louis XV. Bustes variés. Arg. — 3 p. TB.

224 *Eaux et Forêts*. EAUX ET FORETS DE FR. AU SIEGE C. DE LA. T. DE. MARB. DE PARIS. La Table de marbre. ℞. AMNES. SILVASQUE. TUETUR. 1743. La Justice debout. Arg. TB. Très rare.

Voyez planche III.

225 *Hôtel de ville*. Buste habillé de Louis XV. ℞. Vue de l'Hôtel de ville. Arg. TB.

226 — Autre. Tête de Louis XVI. Arg. TB.

227 **Prévôts des Marchands.** *Chr. Sanguin*. 2e prévôté. 1631. Rouleau de laboureur. Arg. TB. Rare.

228 *Moreau*. 2e prévôté. 1635. Nef des Argonautes. Arg. TB. Rare.

229 *Alex. de Sève*. 2e prévôté. 1657. Ses armes. Arg. TB.

230 *Cl. Le Peletier*. 4e Prévôté. 1675. Hercule assommant Géryon. Arg. TB. Très rare.

231 — 1676. Massue en pal. Arg. B.

232 *De Pomereu*. 3e prévôté. 1682. Ses armes. ℞. Vue de Paris. TB.

233 *Claude Bosc*. 4e prévôté. 1700. Statue équestre. Arg. TB.

234 *De Castagnère*. 1721. Ses armes. Arg. TB.

235 *Et. Turgot*. 3e prévôté. 1736. Ses armes. Arg. TB.

236 — 4e prévôté. 1738. Même type. Arg. TB.

237 — 5e prévôté. 1739. Même type. Arg. TB.

238 — 5e prévôté. 1740. Même type. Arg. TB.

239 *Aubéry de Vastan*. 2e prévôté. 1742. Ses armes. Arg. TB. Rare.

240 *De Bernage*. 1e prévôté. 1744. Ses armes. Arg. TB.

241 — 2e prévôté. 1746. Même type. Arg. TB.

242 — 4e prévôté. 1750. Même type. Arg. TB.

243 — 5e prévôté. 1753. Même type. Arg. TB.

244 — 6e prévôté. 1754. Même type. Arg. TB.

245 *Camus de Poncarré de Viarmes*. 1758. Ses armes. ℞. La Ville de Paris assise. Arg. TB.

246 — 2e prévôté. 1760. Mêmes types. Arg. TB.

247 — 3e prévôté. 1763. Mêmes types. Arg. TB.

248 *Bignon*. 1766. Ses armes. Arg. TB.

249 — 2e prévôté. 1767. Même type. Arg. TB.

250 — 4e prévôté. 1771. Même type. Arg. TB.

251 *La Michodière*. 1773. Ses armes. Arg. TB.

252 — 2e prévôté. 1775. Même type. Arg. TB.

253 — Autre avec 1776. Arg. TB.

254 — 3e prévôté. 1777. Même type. Arg. TB.

255 *De Caumartin*. 1e prévôté. 1778. Ses armes. Arg. TB.

256 — 2e prévôté. 1780. Même type. Arg. et cuiv. — 2 p. TB.

257 *Le Peletier*. 1784. Ses armes. Octog. Arg. TB.

258 — 2e prévôté. 1786. Même type. Octog. Arg. TB.

259 **Administrations**. *Préfecture de police*. Buste de Bonaparte. ℞. PDP dans une couronne (*TN*., XCII, 13). Arg. TB.

260 *Tribunal de Cassation*. DÉFENSEURS AVOUÉS dans une guirlande. ℞. VIR PROBUS LEGUM PERITUS. Tables de la loi dans une guirlande (*TN*., LXXXI, 1). Octog. Arg. TB. Rare.

261 Buste de Bonaparte à g. ℞. DÉF. AVOUÉS PRES LE TRIBUNAL D'APPEL A PARIS. AN. XII. Étoile (*TN*., manque). Octog. Arg. TB.

262 *Chambre des Avoués*. 1802. La Loi assise à g. (*TN*., XCIII, 3). Octog. Arg. TB.

263 — Variété. La Loi assise de face. 1801 (*TN*., manque). Octog. Arg. TB.

264 *Chambre de Commerce*. 1804. Tête de Napoléon à dr. (*TN*., I, 4). Octog. Arg. TB.

265 *Caisse d'Escompte du Commerce*. 1802. Buste de Bonaparte à dr. (*TN*., XCI, 6). Octog. Arg. TB.

266 *Caisse patriotique* établie à Paris en 1791. ℞. Mercure donnant la main à la Liberté (*TN*., XXXIII, 5). Octog. Arg. TB. Rare.

267 *Société d'Agriculture de Paris*. EX UTILITATE DECUS. Charrue. ℞. COMPAGNIE DE LA GUYANNE FRANÇAISE. Nègre sur une plantation. Octog. Arg. TB. Très rare.

268 AGRICULTURE ET COMMERCE. Petite ancre. ℞. Le précédent. Octog. Arg. TB. Très rare.

Voyez planche III

269 *Canal du Centre*. Génie entre un fleuve et une nymphe. 1792 (*TN*., LXXI, 6). Octog. Arg. TB. Rare.

270 *Grands Messagers de l'Université*. Armes. ℞. Charlemagne debout. 1747. Arg. TB.

271 *Lycée des Arts*. 1792. Apollon. — (*TN*. XXXIX, 10). Arg. TB.

272 *Société des Inventions et découvertes*. 1791. Buste de Minerve (*TN*, XXX, 2). Arg. TB.

273 *Société philotechnique*. 1795. Tête d'Apollon (*TN*., LXVII, 3). Arg. TB.

274 La Justice debout. 1797 (*TN*., LXVII, 6). Arg. TB.

275 *Maison philanthropique*. 1781. Arrosoir. Arg. TB.

276 *Société de médecine pratique*. 1808. Tête d'Hippocrate. Arg. TB.

277 — Autre. ℞. Bâton d'Esculape (*TN*., XXX, 3). Arg. TB.

278 *Collège de Pharmacie*. 1778. Coq et serpent. Arg. TB.

279 **Jetons religieux.** *Clergé gallican.* 1710. — *Assemblée du Clergé.* 1765. — Autre. 1775. Octog. Arg. TB.

280 *Notre-Dame.* AVE.MARIA. La Vierge entre N-P. 1710. ℞. P. XVIII-S. Cuiv. TB.

281 *Sainte Geneviève.* VRBIS.PRÆSIDIVM.1702. La sainte debout; dans le fond, la ville. ℞. NEC.NOS.LABORISTE.GRAVABIT. La procession de la châsse. Arg. TB. Très rare.

282 *Saint Gervais.* Buste de Louis XV. ℞. LES.MARGVILLIERS.DE.S.GERVAIS. 1715. Saint Gervais et saint Protais. Arg. TB. Rare.

283 *Saint Jacques de la Boucherie.* ITQUE DOCETQUE VIAM.1703. Saint Jacques debout. Arg. TB.

284 *Saint Jacques le Grand.* Écu. ℞. DECUS ET MERCES. Sabre, bourdon et chapeau ; au bas, FRAPPÉ L'AN 1789. Arg. TB. Rare.

Voyez planche III.

285 *Saint Jean-en-Grève.* DETEGIT ILLE DEUM. Saint Jean l'Évangéliste. ℞. INDICAT ILLE HOMINEM.1685. Saint Jean-Baptiste. Arg. TB. Très rare.

Voyez planche III.

286 *Saint-Merry.* Tête de Louis XVI. ℞. MARGUILLIERS DE SAINT MERRY 1754. Emblèmes religieux. Arg. TB. Rare.

287 **Jetons maçonniques.** *Orient de Paris.* ARS.ÆQUI ET BONI. La Justice debout à g. ℞. IN LEGIBUS SALUS.1804. Tables de la loi devant un lion (*TN.*, VI, 10). Arg. TB. Rare.

288 *Saint Antoine du Parfait Contentement.* Initié conduit vers le temple. ℞. 5785. Autel. Arg. TB.

289 *Saint Eugène.* Étoile. ℞. 5805. Soleil. Arg. TB.

290 *Saint Jean.* Compas et équerre. Arg. TB.

291 *Cambacérès.* 5806. ℞. Double aigle couronné (*TN.*, XIV, 3). Arg. TB. Très rare.

292 **Corporations et professions.** *Les 6 corps des marchands.* Buste de Louis XV à g. ℞. Hercule. 1725. Arg TB.

293 *Architectes.* Buste de Louis XVI à dr. ℞. CONSOCIARE AMAT. Pallas à g. Arg. TB.

294 *Commerce de bois flotté.* Buste de Rouvet à g. Arg. TB.

295 *Commerce de bois neuf.* Vue de l'ile Louviers. An 12. Octog. Arg. TB.

296 *Bonnetiers.* Buste de Louis XV. ℞. QVANTOS DUO FLECTIT IN USUS.1758. Écu. Arg. TB. Rare.

297 *Boulangers.* Tête de Louis XV. ℞. Saint Honoré. Arg. TB.

298 — Autre. Buste de Napoléon I. Arg. TB.

299 *Bourreliers.* Buste de Louis XV. ℞. L'Assomption de la Sainte Vierge. Arg. TB. Rare.

300 *Brodeurs-Chasubliers.* Armes. ℞. 1704. Le Soleil sur un jardin de plantes tinctoriales. Arg. TB. Rare.

301 *Charbonniers*. Tête de Louis XVI. ℞. CUNCTA SINU NATURA FOVET. 1775. Mineur près d'un fourneau allumé. Arg. TB. Très rare.

Voyez planche III.

302 *Commerce de charbons de bois*. 1820. Camp de charbonniers. Octog. Arg. TB.

303 *Commerce de charbons de terre*. 1815. Mineurs. Octog. Arg. TB.

304 *Charrons*. Tête de Louis XV. ℞. ROTA PALMAM 1755. Sainte Catherine debout. Arg. TB. Très rare.

Voyez planche III.

305 *Contrôleurs des bois à bâtir*. Buste de Louis XV. ℞. 1732. Minerve assise. Octog. Arg. TB.

306 *Contrôleurs du papier*. Tête de Louis XV. ℞. QUOT. ET. QUANTOS. IN. USUS. 1730. Génie assis à dr. Arg. TB. Très rare.

Voyez planche III.

307 *Cordonniers*. Buste de Louis XVI à g. ℞. SALUS INFIRMORUM. Deux compagnons à l'ouvrage. Arg. TB. Très rare.

Voyez planche III.

308 *Corroyeurs*. Buste de Louis XVI à dr. ℞. Quatre hommes portant la châsse de saint Merry. 1753. Arg. TB. Rare.

309 *Distillateurs*. Buste de Louis XV. ℞. Saint Louis agenouillé; devant. un alambic. Arg. TB. Rare.

310 *Doreurs, argenteurs, ciseleurs*. Tête de Louis XV. ℞. 1765. Saint Éloi debout à g. Arg. TB. Rare.

Voyez planche III.

311 *Experts et greffiers des bâtiments*. L'Architecture assise à g. ℞. Édifices en construction. Arg. TB.

312 *Fondeurs*. Buste de Louis XV. ℞. EXEMPLAR. PERSEUERENTIÆ. 1768. Saint Eustache et saint Éloi. Arg. TB. Très rare.

Voyez planche III.

313 *Huissiers, commissaires-priseurs*. Buste de Louis XV. ℞. ELECTIS FIDITE. La Justice assise à dr. Arg. TB. Rare.

Voyez planche III.

314 *Menuisiers et ébénistes*. 1748. Sainte Anne enseignant la Vierge. Arg. TB.

315 *Merciers*. Saint Louis. ℞. 1682. Armes. — Tête de Louis XIV. ℞. 1704. Trois vaisseaux. Cuiv. — Ens. 2 p. TB.

316 AVSPICE NON ALIO. Saint Louis debout. ℞. TE TOTO ORBE SEQVEMVR. 1704. Trois vaisseaux. Arg. TB. Rare.

317 *Monnoyeurs et ajusteurs*. 1767. Presse monétaire. ℞. Outils de profession. Arg. TB.

318 *Mouleurs de bois*. Armes. ℞. 1711. Sainte Geneviève. Cuiv. TB.

319 *Officiers-passeurs d'eau*. Buste de Louis XVI à g. ℞. Armes de Paris. Arg. TB. (un peu rayé). Très rare.

320 *Orfèvres*. Buste habillé de Louis XV. ℞. IN . SACRA . INQVE . CORONAS. Armes. Arg. TB. Rare.

Voyez planche III.

321 *Tapissiers*. Même buste. ℞. 1726. Saint Louis. Arg. TB.

322 *Teinturiers*. Même buste. ℞. Soleil et plantes. Arg. TB.

323 *Traiteurs*. Buste de Louis XV. ℞. 1718 . MATER . CHRISTI. La Vierge et l'enfant. Arg. TB. Rare.

324 *Typographes et libraires*. 1723. Armes. ℞. Livre ouvert. Arg. TB.

325 *Marchands de vins*. Armes. ℞. Coupe sur un autel. Arg. TB.

326 *Vitriers, peintres sur verre*. Buste habillé de Louis XV. ℞. 1715. Armes. Arg. TB. Rare.

327 — Vue de la ville. ℞. Le précédent. Cuiv.

328 *Vendeurs de volaille*. Buste habillé de Louis XV. ℞. Adam et Eve dans le Paradis terrestre. Arg. TB. Rare.

PROVINCE

329 **Angers**. *Conseillers de ville*. Louis XIV. ℞. Écu de la ville. Arg. TB.

330 — Variété. 1702. Arg. TB.

331 — Autre. 1705. Arg. TB.

332 Louis XV. Buste cuirassé. Même revers. Arg. TB.

333 — Autre. Buste avec le grand cordon. Arg. TB.

334 *Gourreau de l'Épinay*, maire. Écu à ses armes. 1758. ℞. Ecu de la ville. Arg. TB. Rare.

Voyez planche IV.

335 *Charles Gaudicher*. Ecu à ses armes. 1763. ℞. Écu de la ville. Arg. TB.

336 *René Bucher*. Ecu à ses armes entre deux dauphins. 1785. ℞. Ecu de la ville. Arg. TB.

337 *Ch.-Félix Claveau*. LUD STAN . XAVER . DUX . ANDEGAV. Buste à g. ℞. Ecu de Claveau. 1789. Arg. TB.

338 **Anvers**. *Chambre de Commerce*. Buste lauré de Napoléon I. ℞. L'Escaut couché à dr. 1809 (*TN.*, XXXVI, 6). Arg. TB.

339 **Artois**. *Les États*. Buste de Louis XV. Arg. et cuiv. — 2 p. TB.

340 **Bordeaux**. Buste de Louis XVI à dr. ℞. Ecu de la ville. Arg. TB.

341 *Conseillers du roi, notaires*. Buste de Louis XV à dr. ℞. LEO ANIMALIB NOTÆ NOSTRÆ HOMINIB . LEO IMPON. Lion passant. 1756. Arg. TB. Très rare.

342 *Académie de peinture.* Tête de Louis XVI. ℞. ELLE MEDITE ET EXECUTE. Minerve assise à g. A l'exergue : ACADEMIE DE PEINTURE SCULPT. ARCHITECTURE CIVILE ET NAVALE DE BORDEAUX. 1780. Arg. TB. Très rare.

343 *Société de médecine.* Tête d'Hippocrate à dr., signée BRENET (*TN.*, XXXV, 6). Arg. TB.

344 **Bourgogne**. *Les États.* 1662, 1665, 1674, 1682. Cuiv. — Ens. 4 p. TB.

345 — Autres. 1692, 1694, 1698, 1728. Cuiv. — Ens. 4 p. TB.

346 Buste habillé de Louis XV à dr. ℞. Écu de Bourgogne. 1767. Arg. TB.

347 Buste habillé de Louis XVI. ℞. Même écu. 1782. Arg. TB.

348 **Brabant**. Révolution. 1790. Arg. TB.

349 **Bretagne**. *Chambre des Comptes.* Le roi debout. 1645. Arg. TB.

350 *Les États.* Écu de Bretagne. ℞. Hermine passant. Arg. TB.

351 Tête de Louis XIV. Écu de Bretagne. 1691. Arg. TB.

352 Louis XV. ℞. La ville de Rennes et le roi. 1728. Arg. TB.

353 — Bustes variés. ℞. Berceau du dauphin. 1730. Arg.— 2 p. var. TB.

354 — Écu de Bretagne. 1732 et 1752. — Arg. — Ens. 2 p. TB.

355 Monument. ℞. Écu. 1754. Arg. TB.

356 Louis XV. ℞. Écu. 1756, 1764, 1768. Arg. — Ens. 3 p. TB.

357 Louis XVI. Tête à dr. 1776. — Buste à g. 1778. Arg. — Ens. 2 p. TB.

358 Buste habillé à dr. signé DUVIV. 1786. — Autre sans signature. Arg. — Ens. 2 p. TB.

359 **Briare**. *Le Canal.* Armes du duc d'Antin. 1742. ℞. Trois fleuves unissant leurs eaux. Arg. TB.

360 Corne d'abondance. 1642. ℞. CONCORDIA . CRESCENT . AN . 10. Trois fleuves mêlant leurs eaux. Octog. Arg. TB.

361 **Cambrai**. Couronne et W. ℞. CAMBRAY. Trois lis. Méreau. Cuivre. TB.

362 Tête de Louis XVI. ℞. Armes de la ville. Arg. TB.

363 **Clermont**. *Bochart de Saron.* Écu à ses armes. ℞. Vaisseau. 1693. Cuiv. TB.

364 **Cysoing**. Écu de l'abbé de Vranx d'Amelin. 1661. ℞. Écu de l'Abbaye. Cuivre. TB.

365 **Dauphiné**. *Richard de la Barrollière.* Écu à ses armes. ℞. CRESCVNT . SED . VNVS . SVSTINET . 1626. Trois Génies, celui du milieu sur un croissant. Arg. TB. Très rare.

Voyez planche IV.

366 **Dieppe**. Buste de Louis XV. ℞. Écu de Dieppe tenu par deux sirènes. 1762. 2 variétés. Arg. TB.

367 **Dijon**. *Jean-P. Burteur.* Écu de Dijon. 1733. ℞. Écu du mayeur. Arg. TB.

368 *Louis Moussier*. Écu de Dijon. ℞. HÆC MEA MAGNA FIDES. 1787. Écu du mayeur. Arg. TB. Rare.

Voyez planche IV.

369 **Est.** *Compagnie des Salines*. Tête de Napoléon I à g. 1806 (*TN.*, XIII, 14). Octog. Arg. TB.

370 **Flandre.** *Les États*. Buste de Louis XVI à g. ℞. Écu de la Flandre Wallone. Octog. Arg. TB.

371 **Givors.** *Le Canal*. Le Rhône et la Loire unissant leurs eaux. ℞. Couronne de deux palmes. 1784. Arg. TB.

372 — Autre. La couronne variée. Arg. TB.

373 **Languedoc.** *Les États*. Tête de Louis XV. ℞. Plant de lis. 1716. Arg. TB.

374 — Minerve et Mars debout. 1728. Arg. TB.

375 — Écu couronné. 1759. Arg. TB.

376 — Trois-mâts voguant à g. 1762. Octog. Arg. TB.

377 — Amour tenant l'écu du Languedoc. 1765. Arg. TB.

378 — Écu couronné. 1769. Arg. TB.

379 — Même écu. 1771. Arg. TB.

380 Tête de Louis XVI. ℞. Même écu. 1778. Arg. TB.

381 — Son buste à g. ℞. Le même. 1780. Arg. TB.

382 — Buste habillé à dr. ℞. Le même. 1786. Arg. TB.

383 — Tête à dr. ℞. Mêmes armes. 1787. Arg. TB.

384 **Lille.** *Chambre de Commerce*. Buste de Louis XVI. ℞. Boussole. Arg. TB.

385 **Lorraine.** *Charles III*. 1579. Écu. ℞. Trois alérions. — *Henri*. 1606. Deux écus. ℞. Deux cœurs. Cuiv. — Ens. 2 p. TB.

386 **Lyon.** *F. Lumague*. Ses armes. ℞. Le signe du lion au-dessus d'un paysage. Cuiv. TB.

387 *Dulieu*. Ses armes. ℞. 1692. Vue de Lyon. Cuiv. TB.

388 *Léonard Bathéon*. Son écu. ℞. Écus accolés de Bathéon et de Pupil. Cuiv. TB.

389 *Louis Ravat*. 3e prévôté. 1713. Son écu. ℞. Armes de Lyon. Arg. TB.

390 *Dugas*. 1727. *Perrichon*. 1735, 1737. Cuiv. — 3 p. TB.

391 *Claret de la Tourette*. 1741 et 1743. *Riverieulx de Varax*. 1745. Cuiv. — 3 p. TB.

392 *Pierre Dugas*. 1751. Ses armes. ℞. Armes de Lyon. Arg. TB.

393 *Les 4 échevins*. 1747. *P. Dugas*. 1751. *Flachat*. 1753 et 1755. Cuiv. — 4 p. TB.

394 *Claude Servan*. 1765. Écu à ses armes. ℞. Armes de Lyon entre le Rhône et la Saône assis. Arg. TB. Rare.

Voyez planche IV.

395 — Variété dans les tenants de l'écu de Lyon. Arg. TB. Rare.

Voyez planche IV.

396 *Nicoleau.* Écu à ses armes. ℟. Le précédent. Arg. TB.

397 *N...* Armes : colombe tenant un rameau au-dessus d'un croissant ; chef chargé de deux étoiles ; tenants : deux lions. ℟. Le précédent. Arg. TB. Très rare.

Voyez planche IV.

398 *Conseil de ville.* 1756. Armes de Lyon. *Chambre de Commerce.* Semeur entre le Rhône et la Saône. Arg. — 2 p. TB.

399 SERIT QUÆ COLLIGAT ALTER. 1708. Pépiniériste plantant une rangée d'arbres. Arg. TB. Rare.

400 Buste de Louis XV à dr. ℟. DABIT ADOLESCERE FRUCTUS. Champ d'oliviers. Arg. TB. Rare.

401 *Commerce de draperie.* 1755. Armes de Lyon. ℟. DITAT VESTIT ET ORNAT. .1755. La Toison d'or défendue par le dragon. Arg. TB.

402 *Fabrique des étoffes de soie or et argent.* 1745. Minerve enseignant deux Génies. ℟. Écu de Lyon. Arg. TB. Rare.

403 *Chapellerie.* 1764. Armes de Lyon. ℟. Écu des chapeliers posé sur deux chameaux. Arg. TB.

404 *Arquebusiers.* Armes de Lyon entre le Rhône et la Saône assis. ℟. Lance entre deux arquebuses en sautoir. 1741. Arg. TB.

405 — Légère variété du précédent. Arg. TB.

406 — Variété. Les divinités ont une autre attitude. Arg. TB.

407 Autre. Armes de Lyon entre le Rhône et la Saône debout. ℟. Même revers. 1741. Arg. TB.

408 — Le même mais avec VICTORI . PRÆMIA . PONIT. au droit. Arg. TB.

409 Sans lég. Armes de Lyon sur un cartouche. ℟. Le même. 1741. Arg. TB.

410 *Académie littéraire.* 1700. Autel d'Auguste. Argent. 2 variétés. TB.

411 *Tribunal de 1re instance.* 1801. Lion debout. — La Loi et la Justice. Arg. — Ens. 2 p. TB.

412 **Marne**. *Société d'Agriculture.* An VI (*TN.*, LXX, 3). Arg. TB.

413 **Marseille**. *Chambre de Commerce.* 1775. Buste de Louis XVI. ℟. Navires. Octog. Arg. TB.

414 **Meaux**. + MEAVLX . MIEL . DOVLX . SANS . FIEL. 1552. Grand M gothique couronné. ℟. FERTILLE . LIEV . DES . BIENS . DE . DIEV. 1552. Croix fleurdelisée. Cuiv. TB. Rare.

Voyez planche IV.

415 **Metz**. *Pierre de Rissan.* L'écu de Metz au-dessus de la ville. 1700. ℟. SECVRITAS PVBLICA. Armes de Rissan. Arg. TB. Rare.

416 **Nancy**. *Chambre de ville.* Vue de Nancy. ℟. Écu. 1643. Arg. TB.

417 — Mêmes types variés dont un de 1729. Cuiv. — 4 p. TB.

418 *Le duc de Fleury.* Écu à ses armes. ℟. Armes de Nancy. Cuiv. TB.

419 **Nantes**. *Mellier*. Armes de Nantes. ℞. NOSTRO FLOREBIT AMORE. 1721. Armes de Mellier. Arg. TB.

420 *Verdier*. Écu à ses armes. ℞. 1732. Armes de Nantes. Arg. TB.

421 *Darquistade*. Écu à ses armes. ℞. 1735. Armes de Nantes. Arg. TB.

422 *La Haye Moricaud*. Son écu. ℞. 1738. Armes de Nantes. Arg. TB.

423 *Darquistade*. 2e mairie. Son écu. ℞. 1740. Écu de Nantes. Arg. TB.

424 — Le même de 1743. Arg. TB.

425 *Du Rocher*. 1747. Écu de Nantes. ℞. Écu aux armes du Maire. Arg. TB.

426 *Bellabre*. Écu de Nantes. ℞. 1752. Écu de Bellabre. Arg. TB.

427 *Gellée de Prémion*. Écu de Nantes. ℞. 1754. Écu du maire. Arg. TB.

428 — Autre du même. 1756. Arg. TB.

429 *Joubert du Collet*. Armes de Nantes. ℞. 1762-1763. Écu du maire. Arg. TB.

430 *Libault*. Écu de Nantes. ℞. 1766-1767. Armes du maire. Arg. TB.

431 *Gellée de Prémion*. Armes de Nantes. ℞. 1776. Armes de Prémion. Arg. TB.

432 — Variété d'un autre coin. 1776. Arg. TB.

433 *Berrouette*. Armes de Nantes. ℞. 1782-1783. Armes du maire. Arg. TB.

434 *Richard de la Pervenchère*. Écu de Nantes. ℞. 1787-1788. Écu du maire. Arg. TB

435 **Orléans**. *Colas de Moudru*. 1745. Son écu. ℞. La Pucelle assise de face. Arg. TB.

436 *Berthereau de la Giraudière*. 1751. Son écu. ℞. Le précédent. Arg. TB.

437 *Tassin*. 1754. Son écu. ℞. La Pucelle. Arg. TB.

438 *Colas des Francs*. 1760. Son écu. ℞. Le même. Arg. TB.

439 *Raimond Massuau*. 1768. Son écu. ℞. Le même. Arg. TB.

440 *Seurrat de Guilleville*. 1780. Son écu tenu par deux licornes. ℞. La Pucelle. Octog. Arg. TB.

441 *Massuau de Laborde*. 1783. Son écu. ℞. La Pucelle. Octog. TB. Rare.

Voyez planche IV.

442 *Marchands de la Loire*. 1735. Fleuve couché à dr.; devant, deux ancres. ℞. Vue d'Orléans. Arg. TB.

443 Le même, daté 1739. Arg. TB.

444 **Provins**. *Société d'Agriculture*. Aigle. Arg. TB.

445 **Rennes**. *Administration municipale*. Arg. TB.

446 *Hévin*. Armes de Rennes. ℞. 1758. Écu du maire. Arg. TB.

447 **La Rochelle**. SVBSVNT.ANTIQVO.GALLORVM.HOSTE.TROPHÆA. 1628. Le roi galopant à dr. ℞. PRÆVIGILES.NVMERIS.NVMERIS.QVIBVS.OMNIA.SVBSVNT. Navire et château sous des signes astronomiques et des flammes. Arg. TB. Très rare.

Voyez planche IV.

448 *Juge et Consuls*. Louis XV. 1760. — Louis XVI. 1776. Arg. — 2 p. TB.
449 *Coignet de la Thuil*. Ses armes. ℞. 1629. La Justice. Cuiv. TB.
450 **Rouen**. CIVITAS. ROTHOMAGENSIS. 1599. Armes de la ville. ℞. DEVS. NOBIS. HÆC. OTIA. FECIT. Laboureur et berger. Cuiv. TB.
451 *Louis XV*. Tête à dr. ℞. Écu de Rouen. Arg. 2 variétés. TB.
452 — Buste habillé. ℞. Le précédent. Arg. TB.
453 — Buste jeune lauré. — Buste avec la queue. — Buste âgé lauré. Arg. — Ens. 3 p. TB.
454 *Le Coulteux*. 1764. Ses armes. ℞. Écu de Rouen. Arg. TB.
455 *Le duc de Luxembourg*. Écu à ses armes. ℞. 1709. Armes de Rouen. Arg. TB.
456 *La Rochefoucauld*. Armes de l'archevêque. ℞. Autel. Octog. Arg. TB.
457 *Confrérie de Saint-Romain*. Le saint exorcisant une femme. ℞. 1711. Châsse avec deux porteurs. Arg. TB.
458 *Monnoyeurs* 1719. Louis XV. ℞. Une mine. Arg. TB.
459 *Lingères*. Tête de Louis XVI. ℞. Une Bonne-Foi. Arg. TB.
460 *Apothicaires et épiciers*. Tête de Louis XV. ℞. Une ruche. Arg. TB. Rare.

Voyez planche IV.

461 *Académie*. Tête de Louis XV. Arg. 3 variétés. TB.
462 **Saint-Omer**. *Le Chapitre*. Méreau de 6 deniers. 1526. Cuiv. TB.
463 **Saint-Quentin**. *Loge de la Philantropie*. 5799. Frère debout devant un autel. ℞. ÉTERNITÉ. CONSTANCE. Ruche accostée d'emblèmes. Arg. TB. Rare.

Voyez planche IV.

464 **Haute-Seine**. *Coches*. Corne d'abondance entre deux ancres. ℞. AN SIX Bâteau en chargement. Octog. Arg. TB.
465 **Toulouse**. *Académie des sciences*. Ses armes. ℞. LABOR OMNIBUS UNVS. Ruche près d'un rosier. Arg. TB.
466 **Tours**. *Joubert des Touches*. Ses armes. ℞. 1627. Écu de Tours. Cuiv. TB.
467 *Cop de Pocé*. 1765. Ses armes. ℞. Tête de Louis XV. Arg. TB.
468 *Benoist de la Grandière*. 1769. Ses armes. ℞. Tête laurée de Louis XV. Arg. TB.
469 *Banchereau*. 1771. Ses armes. ℞. Même tête. Arg. TB.
470 — Autre de 1776 avec la tête de Louis XVI. Arg. TB.
471 **Troyes**. *Chapitre Saint-Étienne*. Méreau. Cuiv. TB.
472 **Valenciennes**. *Conseil de ville*. 1726. Le Conseil assemblé. ℞. EX CONCORDIA ET CANDORE FELICITAS URBIS. Trois écus posés sur deux cigognes. Arg. TB. Très rare.

Voyez planche IV.

473 — Même droit. 1726. ℞. Même légende. 1748. L'écu de Valenciennes entre deux cigognes. Arg. TB. Très rare.

Voyez planche IV.

474 **Versailles**. *L'Orangerie*. Caisses d'orangers. ℞. CULTORI AUREA POMA. Corbeille d'oranges. Octog. Arg. — 4 variétés. TB.

475 **Vienne**. *Chapitre de Saint-Sévère*. Le saint tenant le démon enchaîné. ℞. EIVS.LIBRA.ECCLESIE. 1524. Cratof. Méreau. Cuiv. TB.

MACON, PROTAT FRÈRES, IMPRIMEURS

Étienne BOURGEY, Expert, 7, rue Drouot.

Phototypie Berthaud, Paris.

158 163 165 171 172 180 183 185 192 195 199 205

Étienne BOURGEY, Expert, 7, rue Drouot.

Phototypie Berthaud, Paris.

Étienne BOURGEY, Expert, 7, rue Drouot.

Phototypie Berthaud, Paris.

Etienne BOURGEY, Expert, 7, rue Drouot.

Phototypie Berthaud, Paris.

NUMISMATIQUE — ARCHÉOLOGIE

ART ANCIEN

ÉTIENNE BOURGEY

7, Rue Drouot (Téléphone 274-64)

PARIS

Adresse télégraphique : ETIENBOURG-PARIS.

Achat au comptant, et quelle qu'en soit l'importance, de trouvailles et collections de monnaies anciennes, jetons, médailles, etc.

Achat et vente d'antiquités romaines, gallo-romaines, grecques et égyptiennes, bronzes, statuettes, bijoux, etc.

MM. les Amateurs auront intérêt, avant de se défaire de leur collection, à la présenter à M. Étienne BOURGEY, qui fera toujours son possible pour donner un prix supérieur à celui déjà offert par les autres acheteurs.

Rédaction de catalogues, direction de ventes publiques, expertises.

MACON, PROTAT FRÈRES, IMPRIMEURS.

www.ingramcontent.com/pod-product-compliance
Ingram Content Group UK Ltd.
Pitfield, Milton Keynes, MK11 3LW, UK
UKHW022138260726
13993UKWH00005B/2009

9 782329 424903